UNIVERSITÉ DE FRANCE.

ACADÉMIE DE STRASBOURG.

THÈSE
POUR LA LICENCE.

L'ACTE PUBLIC SUR LES MATIÈRES CI-APRÈS SERA SOUTENU

LE LUNDI 22 AOUT 1836, A MIDI,

PAR

C. J. B. ÉMILE GAMICHON,

DE BAR-SUR-SEINE (AUBE).

M. KERN, Doyen de la Faculté.

PRÉSIDENT : M. KERN.

EXAMINATEURS
{ MM. KERN,
HEPP,   } Professeurs.
HEIMBURGER, }
RAU, Professeur suppléant.

La Faculté n'entend approuver ni désapprouver les opinions particulières
au Candidat.

STRASBOURG,
De l'imprimerie de F. G. LEVRAULT, imprimeur de l'Académie.

1836.

A mon Père et à ma Mère.

ÉMILE GAMICHON.

DROIT CIVIL.

DES OBLIGATIONS SOLIDAIRES.

Introduction.

Avant d'entrer en matière et de traiter un sujet spécial au milieu de tant d'autres non moins importants et non moins dignes d'être médités et appréciés, nous avons pensé qu'il ne serait pas hors de saison de jeter un coup d'œil succinct et rapide sur les obligations en général et sur leurs principales divisions.

Dans ces lignes aussi nous trouverons l'occasion de rendre hommage aux Romains, d'avoir pour ainsi dire infusé chez nous l'étude des lois, en nous transmettant dans leurs écrits des principes d'une profonde sagesse et d'une haute raison, et en nous communiquant une ardeur pour la science, à nous Français, qui avons bientôt surpassé l'exemple qui nous est une fois donné.

Ce titre des obligations est peut-être celui de tout le Code civil qui présente le plus d'utilité à être connu. Chaque jour, à chaque instant, les obligations se répètent, se multiplient à l'infini ; en un mot, elles retracent les rapports les plus fréquents des hommes en société : aussi le législateur a-t-il mis la plus grande sollicitude et le plus grand soin à donner pour cette matière des règles qui puissent veiller aux intérêts de tous. Ces règles, ces principes moraux, c'est dans l'équité et la saine raison qu'ils ont été puisés tous, et c'est aux Romains que nous en sommes redevables pour une grande partie. Ces grands maîtres dans l'art de guider les hommes dans le chemin de l'honneur et de la vertu, ces guerriers, dont les travaux militaires n'ont pas paralysé l'esprit de civilisation, quelquefois cependant se sont égarés dans un dédale de principes qu'ils ont jetés au hasard, et que la trop grande confusion rendait souvent inintelligibles.

Dans le Digeste nous voyons des décisions rendues sur des faits particuliers, et cependant mises au nombre des règles générales. Ces solutions, qui souvent se contredisaient entre elles, établissaient une doctrine trop relâchée et trop diffuse, et ne statuaient pas sur les questions qui se présentaient. Dans les Institutes nous regrettons de ne pas trouver des éléments assez complets ni assez rigides.

C'était donc à nous à corriger nos maîtres; aussi les rédacteurs du Code ont-ils cherché à resserrer dans un cadre étroit des règles qui, en évitant l'obscurité ou la confusion, soient assez justes et assez rigoureuses pour donner une autorité puissante et répressive aux conventions, tout en basant l'édifice social sur la droiture et sur l'équité.

Le législateur a d'abord senti la nécessité d'imprimer la force de la loi à des principes qui n'avaient eu jusque-là que l'autorité souvent impuissante de la raison; et c'est dans cet esprit qu'avant de tracer des règles particulières à chacune des divisions du Code, il a cru devoir en établir de générales pour tout le titre des contrats ou obligations conventionnelles.

Expliquons notre pensée. En Droit on entend par *convention* tout engagement qui se forme par le consentement mutuel de deux ou plusieurs personnes, qui se font entre elles une loi d'exécuter ce qu'elles se promettent. *Pactio est duorum pluriumve in idem placitum consensus* (*L.* 1, *D. de pactis*).

Jusque-là la bonne foi seule était le lien moral pour faire exécuter ces engagements. Les citoyens étaient donc alors leur propre juge après Dieu, et leur conscience seule pouvait les guider au bien ou au mal. Tel eût dû toujours être l'homme que l'honneur seul aurait fait agir; jamais alors la force passive ne serait venue s'immiscer dans ce qu'il a de plus saint, dans ses engagements, et interposer son autorité pour l'obliger à être de bonne foi.

Mais la corruption fit bientôt place à l'innocence ; la voix des passions parla plus haut que celle de la raison, et l'honneur fut foulé aux pieds : les uns n'accomplirent plus qu'avec peine ce qu'ils avaient promis ; les autres s'en affranchirent entièrement, et désormais on ne dut plus compter sur rien.

C'est alors que la loi civile vint remédier à ces abus de confiance ; elle comprit quelle était la tâche qu'elle avait à remplir, et, afin de veiller aux intérêts de tous, sans cesse compromis, elle sanctionna de son pouvoir arbitraire (*arbitrium*, volonté) les conventions faites et arrêtées : *animo contrahendæ obligationis ;* et dès lors on put définir les obligations : *vinculum juris quo necessitate adstringimur alicujus rei solvendæ, secundum nostræ civitatis jura.*

De là on peut déduire cette règle importante et générale, que « les conventions légalement formées tiennent lieu de loi à ceux qui les ont faites (article 1134 du Code civil), et qu'elles ne peuvent être révoquées que de leur consentement mutuel. » On peut ajouter aussi qu'elles n'ont pas d'effet contre les tiers, mais seulement entre les héritiers ou leurs représentants.

Le Code a établi quelles sont les conditions essentielles pour la la validité des conventions, ainsi que les conséquences qui se rattachent à ces principes. Il a fixé aussi les divisions des obligations : une de leurs modifications est la solidarité, soit à l'égard des créanciers, soit de la part des débiteurs. Nous allons successivement développer ces matières.

En général, chacun est présumé stipuler et contracter pour soi-même. Lorsqu'un débiteur contracte l'obligation d'une seule et même chose envers plusieurs créanciers, chacun de ceux envers qui il l'a contractée, n'est créancier de cette chose que pour sa part et portion virile, et ne peut en conséquence demander que cette part : réciproquement, lorsque plusieurs débiteurs s'obligent pour une seule et même chose, chacun d'eux ne s'oblige que pour sa part et portion virile dans la dette, et ne peut être poursuivi que pour cette part.

Cependant cette règle reçoit une exception tant à l'égard des créanciers qu'à l'égard des débiteurs, lorsque telle a été l'intention des parties, que le total (*solidum*, d'où le nom solidarité) de la dette puisse être demandé par chacun des créanciers ou exigé de chacun des débiteurs, et alors il y a solidarité d'obligation.

De là, la division de ce titre en deux parties : 1.° obligation solidaire entre les créanciers, *obligatio correalis activa*, 2.° obligation solidaire de la part des débiteurs, *obligatio correalis passiva*.

Nous allons traiter séparément de chacune d'elles!

PREMIÈRE PARTIE.

Obligations solidaires entre les créanciers.

Une obligation est solidaire entre plusieurs créanciers, lorsque la condition expresse de la dette est telle que chacun des créanciers au profit de qui elle est contractée, ait seul le droit d'exiger la dette entière et d'en décharger le débiteur envers tous les autres (DOMAT), encore que le bénéfice de l'obligation soit divisible et partageable entre les divers créanciers (article 1197 du Code civil).

De là il suit, quant aux créanciers, que chacun, étant créancier du total de la dette, peut par conséquent en demander le total et même poursuivre le débiteur pour le total; car, quoique l'obligation concerne plusieurs personnes, il n'y a cependant qu'une seule dette, à laquelle le titre donne à chacune droit pour la totalité.

Ainsi, puisque chacun individuellement est regardé comme s'il était seul dans l'obligation, toute reconnaissance de la dette faite envers l'un des créanciers, interrompt la prescription à l'égard de tous et par conséquent leur profite à tous (article 1199 du Code civil). Car tous leurs intérêts sont confondus avec ceux du créancier qui a interrompu la prescription, et même si parmi eux il en est un contre qui la prescription n'a pu courir, par exemple un mineur, il conservera les droits de tous les autres (article 710 du Code civil).

De même la demande d'intérêt formée par l'un des créanciers solidaires, fait courir les intérêts au profit de tous (arg. de l'article 1207 du Code civil).

Du principe que, bien qu'il y ait plusieurs promesses si l'on considère la pluralité des créanciers, quoiqu'il n'y en ait qu'une si l'on envisage la matière de ces promesses, il suit que le paiement fait à l'un des créanciers libère le débiteur à l'égard de tous les autres; car le créancier étant créancier du total, le paiement du total lui est valablement fait. *Acceptilatione unius, tota tollitur obligatio* (*L.* 2, *D. de duobus reis*).

Ce système était suivi dans le Droit romain, et POTHIER l'a aussi adopté; cependant on lui donne plus d'extension qu'il ne doit réellement en avoir.

Il semble, en effet, que chacun des créanciers solidaires pouvant exiger le total de la dette et libérer entièrement le débiteur par sa quittance; il semble, disons-nous, qu'il a aussi le droit de faire la remise de la dette au débiteur.

La remise de la dette n'est-elle pas regardée par le Code civil lui-même comme un des moyens d'éteindre les obligations (article 1282 du Code civil)? Chaque créancier solidaire, pris individuellement, n'est-il pas regardé, relativement au débiteur, comme s'il était l'unique créancier? et d'ailleurs, puisque chaque créancier solidaire peut recevoir le paiement, il lui sera toujours facile de donner quittance d'un paiement qui ne serait que fictif.

Ces raisons cependant se rattachent bien aux principes de la solidarité; mais elles ont paru peu conformes à l'équité et trop favorables à la mauvaise foi, et c'est pour éviter toute fraude que l'article 1198 du Code a formellement décidé le contraire : en effet, dans tout contrat on doit voir l'intention présùmée des parties. Chaque créancier solidaire, en stipulant dans l'acte la solidarité, s'est bien réservé le droit de recevoir pour tous, mais non pas de donner au préjudice des autres.

« La solidarité, dit Toullier, établit entre les créanciers ou les débiteurs une sorte de mandat réciproque, de manière que chacun d'eux a pouvoir d'agir au nom et pour le compte des autres, et les représente. »

Le mandataire est chargé, par la condition du mandat, de veiller avec le plus grand soin aux intérêts de ses mandants, et l'article 1988 du Code civil exige un mandat exprès lorsqu'il s'agit d'aliéner. Or ce serait là une véritable aliénation relativement aux co-créanciers.

Chaque créancier solidaire a bien le droit d'exécuter le mandat, mais la remise de la dette est plus qu'une exécution; car elle changerait entièrement l'intention des parties en contractant. Dans ce cas, c'est faire un contrat de bienfaisance d'un contrat intéressé; c'est un acte de libéralité personnel à celui qui fait la remise ; mais il ne peut être libéral que de ce qui lui appartient, *nemo liberalis nisi liberatus;* en un mot, il ne peut nuire à ses co-créanciers pour être bienfaisant envers le débiteur.

Et c'est ce qui arriverait. En effet, à part quelques cas fort rares, et nous empruntons l'exemple de Pothier, qu'il a puisé dans la loi 16, *D. de leg.* « Mon héritier donnera aux carmes ou aux jacobins, à son choix, une somme de 100 livres, » à part quelques exceptions, où le débiteur peut payer la totalité à celui des créanciers qu'il lui plaira, sans qu'un autre ait aucun droit sur cette créance après ce paiement, le bénéfice de l'obligation, dans notre Droit, est toujours partageable et divisible entre les divers créanciers. Celui qui a reçu la totalité de la dette, doit donc rendre compte à chacun de ses créanciers du mandat dont il était chargé. Il est débiteur envers chacun de la part qu'il avait dans la dette, et il ne peut pas, en faisant la remise du total, enlever à ses co-créanciers leur action contre le débiteur originaire.

Cependant la loi n'a pas voulu lui ôter le pouvoir de faire un acte de libéralité, et elle lui a permis de remettre la dette au débiteur, mais seulement pour sa part (article 1198, n.° 2, du Code civil).

De même le serment déféré au débiteur par l'un des créanciers n'a d'effet que pour la part de ce créancier (article 1365 du Code civil). Il en était autrement dans le Droit romain, car le serment déféré par l'un des créanciers et prêté par le débiteur sur le fait de la dette, produisait la libération entière. *In duobus reis stipulandi, ab altero delatum jusjurandum etiam alteri nocebit* (L. 28, D. de jur.).

Quant au débiteur, il était du Droit commun de lui laisser le choix de payer à celui des créanciers solidaires qui lui conviendrait le mieux, puisque le paiement fait à l'un ou à l'autre éteint également la dette entière; et la loi civile lui a confirmé ce droit: cependant elle apporte une exception, c'est dans le cas où l'un des créanciers solidaires aurait commencé des poursuites contre le débiteur. Par ces poursuites, il s'est pour ainsi dire rendu maître de la chose et il n'est plus loisible au débiteur de payer au préjudice du poursuivant, et s'il le faisait, il ne serait pas libéré envers ce dernier.

Mais il faut bien entendre que cette disposition n'est pas applicable aux poursuites faites avant l'échéance de la dette; car d'après cet adage de Droit : *qui a terme ne doit rien*, la dette n'existant pas encore pour ainsi dire à l'égard du poursuivant, ce dernier ne peut pas empêcher le débiteur de payer à un autre créancier.

Nous terminerons ici nos observations sur la solidarité entre les créanciers. Ces obligations, d'après l'avis de tous les auteurs, ne se rencontrent que très-rarement dans notre Droit, parce qu'en général on aime mieux faire ses affaires soi-même, que d'en laisser le soin à d'autres, et cette raison nous excusera peut-être de la médiocrité de ce travail; mais la solidarité de la part des débiteurs est d'un usage extrêmement fréquent, et nos efforts dans cette seconde partie feront peut-être pardonner l'insuffisance dè la première.

SECONDE PARTIE.

De la solidarité de la part des débiteurs.

Une obligation est solidaire de la part de ceux qui l'ont contractée, lorsqu'ils s'obligent à une même chose, de manière que chacun puisse être contraint pour la totalité comme s'il était seul débiteur, et que le paiement fait par un seul libère les autres envers le créancier.

De cette définition nous pouvons voir déjà les conséquences et les avantages de cette solidarité.

Son caractère distinctif est que plusieurs personnes sont tenues de la même dette, mais cependant qu'il n'existe qu'une seule promesse, une seule dette dans l'obligation. Comme nous l'avons déjà fait remarquer plus haut, lorsque deux ou plusieurs personnes s'obligent envers une ou plusieurs autres, chacune d'elles ne doit que sa part virile, et ne peut être poursuivie que pour cette part. Ici tous les débiteurs solidaires garantissent la même dette : *quisque debet totum et totaliter;* tous répondent de l'acquitter, et si l'un manque à ses engagements, les autres doivent de même la chose en totalité. De là il résulte pour le créancier un avantage immense et une garantie certaine qu'il sera toujours rempli de ce qui lui est dû.

Ces détails pourraient au premier coup d'œil faire confondre ces obligations avec celles que l'on nomme *indivisibles*, parce que chacun des débiteurs est aussi tenu pour le tout; mais il existe entre elles de notables différences.

Dans l'indivisibilité d'obligation, ce qui fait que chacun des débiteurs est débiteur du total, venant de la qualité de la chose due qui n'est pas susceptible de parties, cette indivisibilité est une qualité réelle de l'obligation, qui passe avec cette qualité aux héritiers :

obligatio realis est et transit ad hæredes, et qui fait que chacun des héritiers du débiteur est débiteur pour le total. Au contraire, la solidarité étant le résultat de la convention de plusieurs personnes qui se sont obligées chacune pour le total, cette solidarité est une qualité personnelle qui n'empêche pas que cette obligation solidaire ne se divise entre les héritiers de chacun des débiteurs solidaires qui l'ont contractée, et entre les héritiers du créancier : *obligatio personalis est, nec transit ad hæredes ;* et c'est ce principe que le Code retrace en disant : « La solidarité stipulée ne donne point à l'obligation le caractère d'indivisibilité (article 1219 du Code civil). »

Dans l'obligation indivisible, si la dette devenait divisible, chacun n'en serait plus tenu pour le tout, tandis que le changement de la dette ne détruit pas la solidarité.

Après cette digression, que la force des choses semblait nécessiter, afin de poser des principes certains et invariables sur cette matière, nous allons, dans plusieurs divisions, établir les règles relatives à la solidarité de la part des débiteurs.

CHAPITRE PREMIER.

Comment s'établit la solidarité de la part des débiteurs.

L'article 1202 du Code civil vient ici poser une règle générale pour cette matière. « La solidarité, dit-il, ne se présume pas; il faut qu'elle soit expressément stipulée. »

Elle peut résulter d'un contrat, d'une disposition testamentaire et de la loi.

Ces mots *de la loi* viennent déjà consacrer une exception au principe général posé par l'article 1202, et nous développerons plus tard cet incident.

La solidarité résultant d'un contrat ou d'un testament, disons-nous, *ne se présume pas ; il faut qu'elle soit expressément stipulée.* Ce n'est pas que celui qui la stipule soit obligé d'employer des termes

sacramentels : telle n'a pas été la volonté de la loi ; il suffit que l'intention de ceux qui veulent la solidarité soit clairement exprimée dans l'acte.

Ces expressions, *termes sacramentels*, nous conduisent naturellement à établir à cet égard quelle était la coutume des Romains.

Dans la législation romaine la solidarité avait lieu de plein droit, par le seul effet de la stipulation. La stipulation ou l'obligation par paroles (*T.* 15, *Lib.* 3, *Inst. de verb. obl.*) était celle qui, en outre du consentement, demandait, pour être parfaite, la solennité des paroles. On définit ainsi la stipulation : *Solemnis verborum conceptio, constans interrogatione, et congrua ad interrogationem responsione, qua quis interrogatus, daturum futurumve id de quo interrogatus est, responderit, ad id dandum vel faciendum tenetur.*

Il fallait donc le concours de formules solennelles, c'est-à-dire une interrogation et une réponse conformes, et la solidarité pouvait alors se présumer suivant la forme de la stipulation, sans, du reste, qu'on en soit autrement convenu.

Tel était le Droit des Pandectes, et les Romains croyaient la formalité de la stipulation nécessaire pour s'assurer que la promesse était faite avec réflexion : *serio et deliberato animo ;* mais Justinien voulut corriger un abus souvent nuisible aux contractants, et par sa Novelle 99, chapitre 1.er, il établit qu'il n'y aurait solidarité qu'autant que les parties l'auraient expressément déclaré.

La solidarité, comme nous l'avons établi plus haut, ne doit donc pas se présumer. Ainsi, lorsque plusieurs débiteurs s'obligent à une même chose envers la même personne, sans exprimer la solidarité, ils sont supposés ne l'avoir contractée chacun que pour leur part. Vouloir exiger d'un seul la totalité, c'est ajouter une obligation de plus, et lors même qu'il y aurait du doute, celui qui réclamerait une obligation pareille succomberait ; car dans l'incertitude l'interprétation des conventions se fait en faveur du débiteur (art. 1162 du Code civil). *Ambiguitas contra stipulatorem est.*

De quelque nature que puisse être la cause de l'engagement, on peut toujours stipuler la solidarité. Dans la vente, dans le louage, dans le dépôt, dans tous les contrats en un mot, lorsqu'il y a plusieurs débiteurs, ils peuvent être tenus de l'action de solidarité.

Une obligation est solidaire, dès que les codébiteurs se sont obligés chacun à la totalité de la dette. Le caractère essentiel de la solidarité est que l'obligation soit *une* par rapport à son objet. Ainsi, dès qu'il a été expressément stipulé dans l'acte qu'ils doivent tous une même chose, ils peuvent cependant être distingués par des différences qui rendent plus ou moins dure l'obligation contractée. Tel serait le cas où l'un d'eux ne serait obligé que conditionnellement ou à terme, tandis que l'engagement de l'autre serait pur et simple et sans aucun terme (article 1201). Il suffit que, de quelque manière que ce soit, le créancier ait le droit d'exiger d'un seul des débiteurs la totalité de la dette pour qu'il y ait solidarité. C'est à lui à choisir, pour diriger ses poursuites, celui qui lui offre le plus de sûreté et de garantie pour être payé; mais il ne peut exiger que chaque codébiteur acquitte la dette autrement qu'elle n'a été convenue avec lui.

Il faut remarquer que si plusieurs étaient obligés à des choses différentes envers la même personne, il y aurait autant d'obligations que de débiteurs engagés à des prestations différentes, et il n'y aurait pas solidarité.

La solidarité, comme nous l'avons dit, peut avoir lieu non-seulement dans tous les contrats, mais elle peut aussi être imposée par un testateur à ses héritiers ou légataires.

Quelquefois aussi dans un testament, quoique la solidarité n'ait pas été exprimée, ceux que le testateur a chargés du legs en sont obligés solidairement, lorsque le testateur s'est servi d'une disjonctive, par exemple : « Je veux que Titius ou Caïus, mes héritiers, donnent mille francs à Paul. » Alors les deux héritiers sont débiteurs solidaires; chacun d'eux doit payer la somme en entier, sauf son recours contre celui qui n'aurait rien donné. *Duo rei in solidum sunt, si pluribus hæredibus institutis testator dixit : Titius et Mævius Sempronio decem dato (L. 9, D. de d. r.)*

Cette proposition est en opposition avec ce que nous avons établi plus haut, que la solidarité ne se présume pas; mais comme dans toutes les actions de l'homme on consulte d'abord l'intention qui l'a fait agir, on a cru voir par les paroles du testateur sa volonté de rendre ses héritiers débiteurs solidaires du legs, et la loi l'a sanctionné.

Nous avons déjà fait remarquer que l'article 1202 admettait cependant une exception au principe que la solidarité doit être expressément stipulée, c'est lorsqu'elle a lieu de plein droit en vertu d'une disposition de la loi. Nous allons énumérer les principaux cas de solidarité légale.

1.° Lorsque plusieurs exécuteurs testamentaires ont été nommés par un défunt, ils sont solidairement responsables du compte du mobilier qui leur a été confié, à moins que le testateur n'ait divisé leurs fonctions, et que chacun d'eux se soit renfermé dans celle qui lui était attribuée (article 1033 du Code civil). En effet, les exécuteurs testamentaires, étant nommés conjointement, ne font qu'une seule personne chargée de l'exécution, et chacun d'eux doit répondre de la gestion des autres aussi bien que de la sienne.

Et par les mêmes motifs, les syndics provisoires d'une faillite sont tenus solidairement des obligations résultant de leur gestion, parce que c'est un mandat judiciaire qui leur est confié. (Arr. de la Cour de cass., du 18 janvier 1814.)

2.° Lorsqu'une femme qui avait des enfants mineurs s'est remariée, et que le conseil de famille l'a maintenue dans la tutelle, son second mari est solidairement responsable avec elle de la gestion de la tutelle postérieure au mariage (article 396 du Code civil). Cette solidarité était commandée par la force des choses. En effet, la femme, en se remariant, passe sous la puissance de son mari, et comme elle ne peut agir sans l'autorisation de ce dernier, tous les actes relatifs à la tutelle seront donc faits par la mère et son mari conjointement, et ce dernier devait donc par suite répondre de la gestion de la tutelle, puisque rien n'est fait sans son autorisation préalable.

3.° Lorsqu'une femme commune en biens contracte une dette avec le consentement de son mari, elle oblige solidairement celui-ci, et le créancier a le droit de poursuivre son paiement, tant sur les biens de la communauté que sur ceux du mari et de la femme (article 1419 du Code civil). Car on suppose que c'est à l'instigation du mari que la femme s'est engagée.

4.° En matière de commodat, la solidarité a aussi lieu de plein droit : lorsque plusieurs personnes ont conjointement emprunté à usage une chose, elles sont solidairement responsables envers le prêteur (article 1887 du Code civil).

5.° Lorsqu'un mandataire a été constitué par plusieurs personnes pour une affaire commune, chacune d'elles est tenue solidairement envers lui de tous les effets du mandat (article 2002 du Code civil). Mais s'il y avait plusieurs mandataires, ils ne seraient pas pour cela créanciers solidaires des indemnités qui pourraient leur être dues (article 1995 du Code civil). Chacun ne pourra réclamer que ce qu'il a déboursé personnellement pour le mandant.

En Droit commercial la solidarité a lieu de plein droit entre les associés en nom collectif pour les engagements de la société, encore qu'un seul des associés ait signé, pourvu que ce soit sous la raison sociale (article 22 du Code de comm.).

Il n'en est pas de même dans les sociétés en matière civile. Les associés ne sont tenus de la dette sociale que chacun pour leur part, s'ils ne se sont expressément soumis à la solidarité, et l'un d'eux ne peut obliger les autres si ceux-ci ne lui en ont pas conféré le pouvoir (article 1862 du Code civil).

La solidarité légale existe encore pour la société en commandite, mais seulement entre les associés complimentaires et non entre les commanditaires ou simples bailleurs de fonds (article 23 du Code de comm.).

Quant à la société en participation, qui est encore une société régie par les lois commerciales, M. PARDESSUS, dans son Cours de Droit commercial, pense que toutes les fois qu'il y a une obligation conjointement contractée par plusieurs personnes pour la même opération, les contractants peuvent être considérés comme des associés en participation, et en cette qualité comme solidairement responsables de leurs engagements, sans qu'il y ait à cet égard de stipulation expresse.

POTHIER dit aussi que « dans les affaires commerciales, dès que deux marchands achètent ensemble une partie de marchandises, quoiqu'ils n'aient d'ailleurs aucune société entre eux, ils sont présumés associés pour cet achat, et comme tels obligés solidairement, quoique la solidarité ne soit pas exprimée. »

JOUSSE et SAVARY professent cette doctrine. Quoi qu'il en soit, des arrêts pour et contre cette opinion ont été successivement rendus, et la jurisprudence n'est pas encore entièrement fixée sur ce point.

Le tireur et les endosseurs d'une lettre de change doivent aussi être considérés comme cautions solidaires de l'accepteur, puisqu'à défaut de paiement de sa part, chacun d'eux peut être contraint d'acquitter le montant de la dette. Il en est de même des endosseurs d'un billet à ordre, faute de paiement de la part du souscripteur (articles 140-187 du Code de commerce).

Il y a encore d'autres cas de solidarité légale, par exemple celui de l'article 55 du Code pénal : « Tous les individus condamnés pour un même crime ou pour un même délit, sont tenus solidairement des amendes, des restitutions, des dommages-intérêts et des frais. »

Cependant nous arrêterons ici notre travail sur cette première division, et nous continuerons les développements du sujet.

CHAPITRE II.

Des effets de l'obligation solidaire entre plusieurs débiteurs.

Le premier et principal effet de la solidarité entre plusieurs débiteurs, c'est que chacun d'eux, pris individuellement, est obligé à la dette commune vis-à-vis du créancier, de manière que ce dernier peut agir contre chacun d'eux pour obtenir le payement de l'obligation entière.

Il résulte de là, que le créancier peut s'adresser à celui des débiteurs solidaires qu'il lui plaît de choisir, abandonner les poursuites dirigées contre l'un, pour en recommencer contre un autre, et même poursuivre en même temps tous les débiteurs ensemble : cependant il ne faut pas trop étendre ce droit; car si quelques-uns des débiteurs avaient pris des termes pour la dette, il doit suivre alors la foi de ces débiteurs, et ne les poursuivre qu'autant qu'ils doivent réellement la dette par l'échéance du terme.

En aucun cas le débiteur poursuivi n'a le droit d'opposer au créancier le bénéfice de division (article 1203 du Code civil), c'est-à-dire de le renvoyer aux autres débiteurs, après avoir donné sa part dans la dette. Un pareil bénéfice serait entièrement contraire à la nature de la solidarité, qui a pour but, comme nous l'avons déjà dit, de faire payer le total de la dette par un seul des débiteurs, et par conséquent de les faire renoncer à ce bénéfice.

Il n'en était pas de même dans le Droit romain. Bien qu'il ait été convenu entre les divers débiteurs que l'obligation contractée par eux serait solidaire, cependant l'action du créancier se divisait entre eux, et il ne pouvait s'adresser à un seul pour le tout. Avant de demander aux uns les portions des autres, il devait les discuter chacun pour leur part, et si quelques-uns n'avaient pu payer, il avait un recours contre ceux qui étaient solvables. C'était seulement pour la sûreté du créancier que l'obligation était rendue solidaire,

3

et la solidarité renfermait la condition tacite, que chacun ne s'obligeait de payer pour les autres, que s'ils ne pouvaient pas eux-mêmes satisfaire à l'obligation pour leur part respective. Si donc quelques-uns des débiteurs, à cause de l'insuffisance de leurs moyens ou à cause de leur absence, ne pouvaient s'acquitter de leur engagement, les autres alors en répondaient, et chacun à raison de la part qu'il avait dans la dette. Cependant la loi donnait aux débiteurs obligés solidairement la faculté de renoncer à ce bénéfice de division, et alors le créancier pouvait s'adresser à un seul pour le paiement total, bien que les autres soient tous solvables et sans poursuivre préalablement chacun pour la portion dont il était tenu.

Dans notre Droit, le bénéfice de division n'est accordé que lorsque plusieurs personnes ont cautionné la même dette, à moins cependant qu'elles n'aient renoncé à ce bénéfice de division (article 2026 du Code civil); car dans ce cas elles seraient tenues de l'action solidaire envers le créancier, et cela d'après l'opinion de POTHIER, qui établit que la renonciation au bénéfice de division équivaut à une clause expresse de solidarité.

Nous venons d'établir que le principe du bénéfice de division n'était nullement en harmonie avec la solidarité telle qu'elle est établie dans notre Droit. Le créancier peut donc poursuivre celui des débiteurs qu'il lui plaira et même les poursuivre tous à la fois. Mais, par une juste réciprocité, le créancier ne peut pas à son gré demander aux débiteurs son paiement divisé. La solidarité a bien été établie dans l'intérêt du créancier et pour lui assurer le paiement de sa créance ; cependant il n'a pas le droit de changer la nature de la dette, et d'ôter quelquefois aux débiteurs les moyens de se libérer plus promptement et plus facilement (Arrêt de la Cour de cass., du 15 mars 1827).

Du principe général en matière d'obligation solidaire, que dès que la dette est conservée à l'égard de l'un des débiteurs, elle l'est à l'égard de tous, nous pouvons déduire que la prescription interrompûe vis-à-vis de l'un des débiteurs, l'est par cela même vis-à-vis de tous les autres (article 1206 du Code civil), et nous ajouterons, vis-à-vis de tous leurs héritiers (article 2249 du Code civil).

Mais qu'arriverait-il, si l'un des débiteurs, étant mort, laissait des héritiers? Les poursuites dirigées contre l'un d'eux interrompraient-elles la prescription à l'égard des débiteurs originaires?

Ainsi trois débiteurs solidaires devaient 6000 francs. L'un d'eux meurt, laissant quatre héritiers. Le créancier poursuit un des héritiers. Cette poursuite interrompra-t-elle la prescription à l'égard des deux débiteurs originaires? L'article 2249 décide que cette poursuite n'interrompra la prescription que pour la part dont l'héritier est tenu. Dans l'espèce il est venu pour 500 francs, puisque la part du débiteur décédé était de 2000 francs et qu'il est héritier du quart. La prescription sera donc interrompue à l'égard des débiteurs originaires pour 500 francs. Quant aux autres héritiers, la prescription n'est pas interrompue pour eux; car entre eux ils ne sont pas solidaires (article 2249 du Code civil).

Si la chose qui fait la matière de l'obligation est un corps certain et que l'un des débiteurs l'ait fait périr par son fait ou par sa faute, ni lui ni ses co-débiteurs ne seront libérés de leur engagement, et ils seront de même tenus de la totalité du prix de la chose (article 1205 du Code civil). En effet, la perte de la chose due est bien un des moyens d'éteindre les obligations, mais il faut que le corps certain vienne à périr sans la faute du débiteur et avant qu'il soit en demeure (article 1302 du Code civil).

Dans l'espèce, comme il a péri par son fait et par sa faute, il a perpétué son obligation, et comme la dette de chacun d'eux est une seule et même dette, elle ne peut subsister à l'égard de l'un et être éteinte à l'égard de l'autre: *ex duobus reis ejusdem Stichi promittendi factis, alterius factum alteri quoque nocet* (**L.** 27, **D.** *de d. reis*).

Maintenant, si la chose périt par cas fortuit, mais pendant la demeure de l'un des débiteurs solidaires, que décidera-t-on?

D'après l'article 1302 cité plus haut, nous voyons que l'obligation n'est pas éteinte quand la chose a péri lorsque le débiteur était en demeure de la livrer. Ce débiteur sera donc tenu de payer le prix de la chose malgré le cas fortuit qui l'a fait périr, à cause du retard qu'il a mis à la délivrer, et ses codébiteurs ne seront pas non plus déchargés de l'obligation (article 1205).

Il nuit bien à ses codébiteurs en ce sens qu'il perpétue leur obligation, qui se serait éteinte si la chose eût péri par cas fortuit ou par le fait d'un tiers avant qu'il fût en demeure; mais il n'en augmente pas l'étendue.

Il en serait autrement si, la perte de la chose entraînant des dommages-intérêts, ils étaient passibles solidairement de ces dommages-intérêts. La loi a décidé que dans ce cas on ne pourrait les réclamer que contre le débiteur par la faute duquel la chose a péri ou contre ceux qui étaient en demeure (article 1205, n.° 2). *Si duo rei promittendi sint alterius mora alteri non nocet* (*L.* 32, *D. de usuris*).

Le payement de ces dommages-intérêts forme pour ainsi dire une nouvelle obligation que ceux-là seuls ont contractée, et ils doivent subir les conséquences de leur faute ou de leur négligence.

Quant à la demande d'intérêts, celle formée contre l'un des débiteurs solidaires perpétue non-seulement la dette à l'égard de tous, car c'est une interruption civile de la prescription, mais elle fait aussi courir les intérêts contre tous ces débiteurs. Il faut cependant excepter ceux qui ne seraient débiteurs qu'à terme ou sous condition. Si le terme ou les conditions n'étaient pas encore arrivés, on ne pourrait les considérer comme étant en demeure et comme devant des intérêts (articles 1206 et 1207).

Cette mesure générale, du reste, de faire courir les intérêts contre tous par une seule demande, est autant dans l'intérêt des débiteurs que du créancier; car si le créancier était obligé de les poursuivre tous, les frais, qui sont toujours à la charge des débiteurs, seraient beaucoup plus considérables.

Si la demande d'intérêts était formée contre un des héritiers d'un débiteur solidaire, on raisonnerait de la même manière que nous avons établi plus haut pour la prescription, et on dirait que les intérêts ne courent que contre cet héritier et pour sa part héréditaire.

Lorsque le créancier poursuit un débiteur solidaire, ce dernier peut lui opposer toutes les exceptions qui résultent de la nature de la dette ou du contrat; par exemple, que l'obligation est sans cause, qu'elle est contraire aux lois, aux bonnes mœurs, qu'il y a eu dol, violence, etc. Ces exceptions se nomment réelles et sont communes à tous les débiteurs (article 1208 du Code civil). Il peut aussi opposer celles qui lui sont personnelles, comme celles qui résultent de l'état ou de la qualité du débiteur poursuivi; par exemple, de la minorité, de l'interdiction (*ibidem*).

Mais il ne serait pas admis à faire valoir celles qui sont purement personnelles à un de ses codébiteurs (*ibidem*, n.° 2); car, en admettant même qu'au moment de l'obligation ce dernier ait été incapable de contracter, il n'en résulterait nullement qu'il le soit lui-même, et il peut très-bien s'être obligé d'une manière irrévocable.

Le débiteur solidaire, poursuivi par le créancier, n'a pas même le droit de se prévaloir de la compensation qui pourrait servir à son codébiteur (article 1294). Cette décision est en opposition avec l'article 1290, qui établit en principe que la compensation s'opère de plein droit par la seule force de la loi, même à l'insu des débiteurs. Cette exception cependant devait être naturellement adoptée; car le débiteur solidaire, poursuivi pour le total, est poursuivi pour une somme qu'il doit lui-même, et il ne peut opposer les exceptions personnelles à son codébiteur (article 1208, n.° 2).

Il doit donc satisfaire à l'engagement qu'il a contracté, de payer lui-même la totalité de la dette solidaire à la volonté du créancier; mais il faut remarquer que si le débiteur, poursuivi par le créancier, lui avait opposé la compensation qui lui serait personnelle, les autres codébiteurs seraient libérés tout aussi bien que s'ils avaient opposé eux-mêmes la compensation; car la dette, éteinte de quelque manière que ce soit, libère entièrement tous les débiteurs de la solidarité.

Quant à confusion, le Code suppose deux hypothèses : le cas où l'un des débiteurs devient l'unique héritier du créancier, et celui où le créancier devient l'unique héritier de l'un des débiteurs solidaires, et il décide (article 1209), que la réunion sur la même tête des deux qualités de créancier et de débiteur (article 1300), n'éteint la créance solidaire que pour la part du débiteur ou du créancier.

Il n'en est pas de même de la novation, qui, lorsqu'elle s'opère entre le créancier et l'un des débiteurs solidaires, libère tous les autres codébiteurs (article 1281). Nous reconnaissons bien l'application des principes de la solidarité; car une fois la dette solidaire éteinte, tous les débiteurs sont libérés, sauf à celui qui a payé, à les poursuivre ensuite pour la part qu'ils devaient chacun dans la dette solidaire (article 1213 du Code civil).

CHAPITRE III.

De la remise de la solidarité.

Nous venons de parcourir les différents cas qui pouvaient atténuer l'effet de l'action solidaire : il nous reste maintenant à examiner comment le créancier peut décharger un ou plusieurs débiteurs de la solidarité.

Comme nous avons déjà eu l'occasion de le remarquer, la solidarité n'est toujours contractée qu'en faveur du créancier. Il suit de là qu'il peut renoncer à cette faveur et abandonner son droit, ou seulement une partie de son droit, à sa volonté : *Cuique licet juri in suum favorem introducto renuntiare.* Un créancier majeur qui a la libre disposition de ses biens, peut donc renoncer à la solidarité.

Cependant on ne le présume pas : *nemo facile donare præsumitur*, et on ne peut donner aucune extension à l'abandon qu'il pourrait faire; car chacun est toujours censé conserver ses droits, à moins qu'il ne manisfeste une volonté contraire.

Établissons donc pour principe que lorsque le créancier décharge l'un des débiteurs de la solidarité, qu'il consent à diviser la dette à son égard, et à le tenir pour quitte et libéré en recevant sa part, ce créancier n'est pas censé avoir remis la solidarité aux autres, et il pourra encore agir contre eux; car cette convention ne peut leur profiter (article 1165), puisqu'ils n'y ont pas participé.

La renonciation à la solidarité est expresse ou tacite. Lorsque le créancier fait remise de la dette à l'un des débiteurs solidaires, cette remise libère tous les autres, à moins qu'il n'ait expressément réservé ses droits contre ceux-ci. Dans ce dernier cas il ne peut plus répéter la dette que déduction faite de la part de celui à qui il a fait la remise (article 1285).

Rien de plus clair; et alors il poursuit son action solidaire contre les autres, sans qu'ils puissent lui opposer que, la dette étant la même et entière, ils doivent profiter de l'avantage accordé au codébiteur libéré. Il a expressément réservé ses droits contre eux, et sa volonté est formelle.

En agir autrement, serait vouloir paralyser la bonté du créancier, qui lui préjudicierait s'il perdait ses droits contre tous les autres en en libérant un seul; mais aussi le créancier ne doit pas nuire à ses autres débiteurs en en déchargeant un seul de la solidarité; et l'article 1214 a prévu ce cas, en disant que la portion de l'insolvable serait répartie contributoirement entre tous les débiteurs solvables, *même entre celui qui aurait été déchargé par la remise*. Le créancier représente pour ainsi dire celui à qui il a fait don de sa part dans la dette; aussi, lorsqu'il réclamera le surplus de la dette aux autres débiteurs, si un d'eux se trouve insolvable, ce créancier supportera dans cette insolvabilité la part qu'aurait dû y supporter celui qu'il a déchargé.

Le créancier est présumé avoir renoncé tacitement à la solidarité, lorsqu'il a admis un des débiteurs à payer la dette *pour sa part*.

Mais dans ce cas il ne renonce à la solidarité qu'à l'égard du débiteur dont il a reçu la part divisément, et il la conserve à l'égard des autres. Il n'en serait pas de même si le créancier avait déclaré qu'il recevait la part de ce débiteur, mais sans préjudice de ses droits. Le débiteur ne serait pas fondé à prétendre que cette réserve s'applique aux autres débiteurs, mais non pas à lui (article 1211).

Quand bien même le créancier aurait reçu de son débiteur une somme égale à la portion dont il est tenu dans la dette, sans énoncer que la somme a été reçue *pour sa part*, la solidarité subsistera encore pour le reste, et on ne regardera la somme qu'il a donnée que comme un à-compte.

Pour que la remise tacite libère de la solidarité, nous pouvons admettre qu'il faut le concours de trois circonstances :

1.° Que le créancier ait reçu divisément la part du débiteur, comme nous l'avons expliqué plus haut ;

2.° Qu'il exprime dans la quittance que c'est *pour sa part* ; car si on ne présumait pas l'intention de faire remise de la solidarité, on ne pourrait donner aucun sens à ces mots : *pour sa part* ; mais aussi il n'est pas nécessaire d'étendre cette remise aux autres débiteurs ;

3.° Que le créancier n'ajoute pas dans la quittance qu'il se réserve la solidarité ; car dans ce cas elle ne serait pas remise : l'effet que l'on donnait aux mots *pour sa part*, n'était qu'une interprétation de la volonté présumée du créancier, et il est détruit par sa volonté expresse.

La simple demande formée contre l'un des débiteurs *pour sa part* n'emporte pas non plus la remise de la solidarité (article 1211, n.° 3). Par cette simple demande, en effet, la loi n'a pas dû voir l'intention formelle du créancier ; et d'ailleurs, la dette ayant été formée par le concours des volontés du créancier et du débiteur, ce concours est devenu nécessaire pour l'éteindre. Le créancier conserve donc tous ses droits de solidarité tant que le débiteur n'a pas acquiescé à cette demande, ou qu'il n'est pas intervenu un jugement de condamnation; car le jugement forme aussi un contrat judiciaire entre les parties.

Lorsque le créancier a reçu divisément et sans réserve la portion de l'un des codébiteurs dans les arrérages ou intérêts de la dette, la solidarité n'est éteinte à l'égard de ce débiteur que pour les arrérages ou intérêts échus, et non pour ceux à échoir, ni pour le capital (article 1212); car une convention ne doit pas être étendue au delà de son objet. On ne doit donc regarder ici comme arrérages échus que ceux qui ont été payés et dont le créancier a donné quittance; car pour les arrérages échus et non payés, rien n'indique encore que le créancier ait voulu renoncer à la solidarité au profit de ce débiteur.

Si néanmoins le paiement divisé des arrérages et intérêts avait été continué pendant dix ans consécutifs, la renonciation à la solidarité s'étendrait tant pour le capital que pour les intérêts ainsi échus (article 1212).

Cette prescription de dix ans, admise par le Code, est fondée sur ce qu'une dérogation si longue aux droits de la solidarité fait nécessairement présumer de la part du créancier l'intention d'y renoncer pour toujours; mais il faut que le paiement divisé ait été continué pendant dix ans consécutifs, et ce n'est que sur cela que cette présomption est fondée; car un seul paiement fait comme débiteur solidaire, ou une interruption de plusieurs années, n'entraînerait plus alors renonciation au droit de solidarité.

Remarque. Dans l'ancien Droit romain, lorsque le créancier recevait de l'un de ses débiteurs une somme pour sa part, il était censé décharger les autres de la solidarité : *Si creditores vestros ex parte debiti admisisse quemquam vestrum pro sua persona solventem probaveritis* (*L.* 18, *C. de pactis*). Cette loi admettait bien que le créancier remettait la solidarité à tous les débiteurs lorsqu'il recevait de l'un d'eux une somme pour sa part; mais elle n'étendait pas cette présomption lorsqu'on n'avait formé qu'une simple demande.

4

Quant aux arrérages échus, ils étaient également remis aux autres débiteurs; mais on ne pouvait étendre cette libéralité ni aux arrérages à échoir, ni au capital, et à l'égard de la prescription elle n'était pas accomplie par le payement de dix ans consécutifs, mais par les règles ordinaires.

CHAPITRE IV.

Des droits du débiteur solidaire lorsqu'il a payé la totalité de la dette.

Nous avons établi quels étaient les effets de la solidarité entre les débiteurs, mais considérés par rapport au créancier; il nous reste à parler des droits des débiteurs entre eux.

Le débiteur solidaire a donc dû satisfaire aux poursuites de son créancier, en remplissant ses engagements, ou bien il a payé de bon gré. Il était débiteur du total, et il a éteint la dette par son payement; mais cependant l'intérêt seul du créancier l'avait amené à prendre sur lui la responsabilité de plusieurs personnes, et, une fois le créancier désintéressé, il rentre dans la classe des débiteurs ordinaires. Il n'est donc tenu dans la créance acquittée que pour une part quelconque, et la justice demandait que ce qu'il a payé de plus qu'il ne devait, lui rentre de la part de ses codébiteurs.

L'obligation acquittée se divise donc de plein droit entre les débiteurs (article 1213). Le débiteur solidaire qui a payé la totalité de la dette ou une portion plus forte que celle qu'il ne devait, a donc un recours contre ses codébiteurs pour se faire rembourser de ce qu'il a payé au delà de sa part.

Chacun ne se trouve, comme lui, que débiteur d'une part, et il ne peut poursuivre chacun que pour sa part et portion. Ensuite, si l'un d'eux se trouve insolvable, la perte qu'occasionne son insolvabilité se répartit, proportionnellement à la part pour laquelle chacun est tenu dans la dette, entre tous les codébiteurs solvables et celui qui a fait le payement (article 1214).

La solidarité ne doit pas s'étendre au delà de ce qui a été convenu, et l'action étant éteinte par le payement total de la dette, ce recours ne pouvait pas s'exercer par l'action solidaire. La dette doit donc se diviser entre eux, et si les recours étaient solidaires, chaque obligé, étant poursuivi pour le tout, pourrait à son tour poursuivre les autres, ce qui ferait une multiplicité de recours et un circuit d'actions réciproques qui entraîneraient beaucoup d'inconvénients.

Il en serait de même si le débiteur, pour pouvoir poursuivre solidairement ses codébiteurs, se faisait subroger aux droits du créancier qu'il a payé.

L'article 875 du Code civil prévoit, au titre des *Successions*, un cas qui peut servir de règle dans cette circonstance. Il dispose « que l'héritier qui a payé la totalité de la dette n'a de recours contre ses cohéritiers que pour la part et portion de chacun d'eux, même dans le cas où cet héritier qui a payé la dette se serait fait subroger aux droits du créancier. »

Dans une obligation solidaire nous pouvons voir deux obligations distinctes, l'une envers le créancier, l'autre entre les débiteurs, et par laquelle ils conviennent qu'ils seront tous tenus pour une part. La première obligation accomplie par le payement, l'autre doit avoir son effet, et si l'un d'eux, au moyen de la subrogation, pouvait devenir créancier des autres débiteurs, on outrepasserait les bornes de la convention et l'égalité serait rompue entre eux.

Il en serait autrement dans le cas où la dette qui aurait été contractée ne concernait que l'un des coobligés solidaires (article 1216). Celui-ci, dans ce cas, serait tenu de toute la dette vis-à-vis des autres codébiteurs, qui ne sont alors regardés que comme ses cautions.

Ils sont bien solidaires relativement au créancier et pour la sûreté de ce dernier; mais quant au débiteur principal, ils ne sont tenus de rien envers lui.

Si la dette a été acquittée par celui dans le seul intérêt de qui elle a été contractée, il n'aura aucune action à intenter contre ses codébiteurs ; mais si le payement a été effectué par une de ses cautions solidaires, elle sera subrogée de plein droit (article 1251, n.° 3) dans toutes les actions du créancier qu'elle aura désintéressé, contre le débiteur, et elle pourra le poursuivre pour la totalité de la dette.

JUS ROMANUM.

DE DUOBUS REIS STIPULANDI ET PROMITTENDI.

I. Obligatio est vinculum juris quo necessitate adstringimur alicujus rei solvendæ secundum nostræ civitatis jura.

II. Plures sunt obligationum divisiones. Una ex eis est obligatio de duobus reis stipulandi et promittendi, vel obligatio correalis activa et obligatio correalis passiva.

III. Qui stipulatur, reus stipulandi dicitur; qui promittit, reus promittendi habetur.

IV. Non solum obligationum quæ in dando consistunt, sed et earum quæ in faciendo, duo rei tam stipulandi quam promittendi constitui possunt.

V. Item, non solum stipulationum conventionalium, sed et stipulationum prætoriarum duo rei fieri possunt.

VI. Neque solum in stipulationibus duo rei fieri possunt, sed etiam in cæteris contractibus, velut emptione, venditione, locatione, conductione, deposito, commodato, etc.

VII. Ordinario quisque pro parte sua stipulatus præsumitur. Hinc Papinianus: Cum tabulis esset comprehensum illum et illum centum aureos stipulatos, neque adjectum, ita ut duo rei stipulandi vel promittendi essent, virilem partem singuli stipulari videbantur et singuli partes viriles deberi.

VIII. Hæc erant solemnia stipulationis verba: Spondes? spondeo; promittis? promitto; fide promittis? fide promitto; fidejubes? fidejubeo; dabis? dabo; facies? faciam.

IX. Tamen ex Justinianea Novella 99 non intelliguntur duo rei stipulandi vel promittendi esse, nisi expressum sit.

X. Cum duo eamdem pecuniam aut promiserunt aut stipulati sunt, ipso jure et singulis in solidum debetur, et singuli debent; ideoque petitione, acceptilatione unius tota solvitur obligatio.

XI. Quemadmodum solutio facta re integra uni ex reis stipulandi debitorem ab omnibus liberat, ita vice versa solutio ab uno ex pluribus reis promittendi facta, omnes liberat.

XII. Duo pluresve rei stipulandi ita fieri possunt, si post omnium interrogationem promissor respondeat, spondeo : ut puta, cum duobus separatim stipulantibus ita promissor respondeat : utrique vestrum dare spondeo. Sed si prius Titio sposponderis, deinde alio interroganti spondeas, alia atque alia erit obligatio, nec creduntur duo rei esse stipulandi.

XIII. Ex hujusmodi obligationibus et stipulationibus solidum singulis debetur. Alter debitum accipiendo omnium perimit obligationem. Oportet tamen ut singuli eamdem rem in solidum stipulentur; nam in dubio etiam quisque pro parte sua stipulatus praesumitur.

XIV. Tamdiu liberum est debitori alterutri ex reis stipulandi solvere, quamdiu neuter agere occupavit. Verum, ex duobus reis stipulandi si semel unus egerit, alteri promissor offerendo pecuniam, non liberatur, quamvis ante litem contestatam possit.

XV. Si unus ex reis stipulandi promissorem interpellaverit, vel si promissor erga unum ex eis debitum agnoverit, tota omnibus stipulatoribus erga promissorem vel promissores integra obligatio perpetuatur.

XVI. Et duo pluresve rei promittendi ita constituuntur : Maevi decem aureos dare spondes? et Seji eosdem decem aureos dare spondes. Si respondeant singuli separatim : spondeo, ex hujusmodi obligationibus et stipulationibus singuli promittentes in solidum tenentur. In utraque obligatione tamen, una res vertitur; alter solvendo omnes liberat.

XVII. In duobus reis promittendi frustra timetur novatio; nam licet ante prior responderit, posterior, etsi ex intervallo accipiatur, consequens est dicere pristinam obligationem durare et sequentem accedere. Et parvi refert simul spondeant, an separatim promittant. Cum hoc actum inter eos sit ut duo rei constituantur, neque ulla novatio fiet.

XVIII. Tamen, si ex duobus qui promissuri sint, hodie alter, alter postera die responderit, promitto : non ita duo rei constitui possunt. Ac ne obligatus quidem intelligi potest ille qui postera die responderit, cum actor ad alia negotia discesserit, vel promissor, licet peractis illis rebus, responderit.

XIX. Ex duobus reis promittendi alius in diem vel sub conditione obligari potest; nec enim impedimento erit dies aut conditio, quominus ab eo qui jure obligatus est petatur.

XX. Ubi duo rei facti sunt, potest vel ab uno eorum solidum peti. Hoc est enim duorum reorum ut unusquisque eorum in solidum sit obligatus, possitque ab ulterutro peti.

XXI. Creditor prohiberi non potest exigere debitum, cum sint duo rei promittendi ejusdem pecuniæ, a quo velit. Et ideo, si probaveris te conventum in solidum exsolvisse, rector provinciæ adjuvare te adversus eum cum quo communiter mutuam pecuniam accepisti, non cunctabitur.

XXII. Observandum est enim ut, si duo vel plures in solidum promiserint, pro sua quisque parte convenientur. Obligatis in solidum conceditur beneficium dividendæ obligationis; sic tamen ut si qui non sint solvendo, cæteri teneantur.

XXIII. Si duo promittendi socii non sint, non proderit alteri quod stipulator alteri reo pecuniam debet.

XXIV. Rei cohærentes exceptiones omnibus reis promittendi competunt. Sed exceptiones quæ personæ cujusque cohærent, non transeunt ad alios. Etenim si duo eamdem pecuniam debent, si unus capitis deminutione exemptus est obligatione, alter non liberatur. Multum enim interest utrum res ipsa solvatur, an persona liberetur. Cum persona liberatur, manente obligatione, alter durat obligatus.

PROCÉDURE CIVILE.

DE L'INTERDICTION.

L'attention la plus grande et la vigilance la plus constante sont d'une nécessité absolue pour cette matière. En effet, elle décide de la liberté d'un homme, de ce bien qui doit être tant respecté, et toutes les précautions doivent être prises, pour qu'il n'en soit privé qu'autant que son exercice pourrait nuire à lui-même ou à ses semblables.

Que d'exemples terribles ne sont-ils pas venus confirmer ces craintes, et exiger plus impérieusement l'investigation du juge dans les cas qui lui sont soumis, et la surveillance du ministère public. Tantôt ce sont des parents, des gens avides de richesses, qui, étouffant dans leur âme tout sentiment d'honneur et de reconnaissance, ne craignent pas de provoquer l'interdiction d'un homme qui souvent pourrait encore rendre de grands services à son pays. Ils citent à l'appui de leur demande des circonstances souvent fausses, et qui ne sont occasionnées que par la faiblesse ou la maladie. Ces faits, auxquels ils savent donner un caractère dangereux, leur font obtenir l'interdiction, et le malheureux est dépouillé de sa fortune, abandonné de tout le monde, enseveli tout vivant dans un cachot d'où quelquefois il ne sort jamais, et ses biens deviennent la proie de ceux qui l'ont trahi.

Tantôt nous voyons l'excès contraire. Des hommes qui souvent ont donné les signes les plus affreux de démence et de fureur, ne sont cependant pas retirés de la société qu'ils méconnaissent, et plus tard portent le deuil et la désolation dans les familles, en commettant des crimes qu'on aurait dû prévoir d'après les premières tentatives.

Il importe à l'intérêt public, au bien-être général, que de pareils abus soient à jamais écartés de notre législation, et c'est en suivant pas à pas les formalités et les prévisions de la procédure, qu'on pourra les empêcher.

———

En général, le majeur est capable de tous les actes de la vie civile, mais il peut arriver qu'un état habituel d'infirmité morale lui ôte les capacités nécessaires pour l'administration de sa fortune et même de sa personne. Dans ce cas, la loi doit veiller sur celui qui manque du pouvoir d'y veiller lui-même.

L'interdiction est donc la déclaration faite par le juge qu'une personne est, à raison du dérangement ou de l'affaiblissement de ses facultés, incapable de procéder par elle-même à aucun acte de la vie civile.

La loi règle elle-même les causes qui peuvent autoriser l'interdiction. Elles sont au nombre de trois : l'imbécillité, la démence et la fureur.

L'imbécillité est l'état de l'individu atteint de cette faiblesse d'esprit qui, sans aller jusqu'à faire perdre la raison, le rend incapable cependant de l'administration de sa personne et de ses biens.

La démence est l'absence habituelle de la raison.

La fureur est la démence portée au plus haut degré. C'est l'état où le furieux est involontairement poussé à des actions dangereuses pour lui-même et pour les autres.

Les deux premières causes n'enlèvent à l'interdit que l'administration de sa personne et de ses biens; mais la troisième peut le priver de la liberté.

L'interdiction peut être provoquée par les parents, par l'un des époux à l'égard de l'autre; et par le procureur du roi, lorsqu'il n'y a ni époux ni parent connu (article 490 du Code civil). Il y a cependant un cas où le procureur du roi doit d'office poursuivre l'interdiction, c'est lorsqu'il s'agit d'un furieux qui menace le repos et la tranquillité publique. Dans ce cas l'intérêt de tous doit prévaloir sur les égards que l'on aurait pu avoir pour la famille.

La demande en interdiction est dispensée du préliminaire de conciliation (article 49 du Code de procédure).

Elle doit être portée devant le tribunal de première instance du domicile de la personne que l'on veut faire interdire (article 492 du Code civil, 59 du Code de procédure). Quelquefois cependant l'interdiction est poursuivie devant le tribunal du domicile de fait, si dans ce lieu les renseignements sont plus faciles à obtenir (Cour de Bord. du 20 germ. an 13).

La demande s'introduit par une requête présentée au tribunal de première instance, et contenant les faits d'imbécillité, de démence ou de fureur, ainsi que les noms des témoins qu'on se propose de faire entendre. A cette requête sont jointes les pièces justificatives, s'il en existe. Le président ordonne alors la communication du tout au ministère public, et nomme un juge pour en faire son rapport à la chambre du conseil (articles 890 et 891 du Code de procédure).

Au jour indiqué sur le rapport du juge et les conclusions du procureur du roi, le tribunal ordonne que le conseil de famille sera convoqué (article 892 du Code de procédure).

Cette convocation du conseil de famille que la loi ordonne, n'a pas pour but de donner une décision sur le jugement à rendre. C'est au tribunal de première instance, et à lui seul, qu'il appartient de prononcer sur la demande. La loi veut seulement l'opinion des parents sur l'existence ou la non-existence des causes prétendues d'interdiction. Aussi, pour que leur avis soit plus impartial, on écarte du conseil les parents qui ont provoqué l'interdiction. Cependant, si elle a été demandée par l'époux, l'épouse ou les enfants, ils peu-

vent assister au conseil, mais sans avoir voix délibérative, parce que
ce sont eux qui peuvent donner les renseignements les plus exacts
sur l'état du malade.

Lorsque le conseil de famille, qui est convoqué suivant le mode
ordinaire (articles 406 et suivants du Code civil) a donné son avis,
cet avis, ainsi que la requête, sont signifiés au défendeur à l'interdiction (article 893 du Code de procédure). Par cette signification ce
dernier est mis en état de se défendre, et on peut alors l'interro-
ger légitimement. Cet interrogatoire a lieu devant le tribunal en la
chambre du conseil. Si le défendeur ne peut s'y transporter, il est
interrogé dans son domicile par un juge à ce commis, assisté du
greffier, et dans tous les cas le procureur du roi doit toujours être
présent à l'interrogatoire.

Si le premier interrogatoire suffit pour faire apprécier l'état moral du défendeur, le tribunal, s'il y a urgence, peut commettre un
administrateur provisoire pour prendre soin de sa personne et de
ses biens (article 497 du Code civil).

Et si les faits ne sont pas suffisamment établis par les interroga-
toires et les pièces à l'appui, le tribunal ordonne une enquête, qui
se fait dans les formes ordinaires, sauf qu'elle peut avoir lieu, si les
circonstances l'exigent, hors de la présence du défendeur, qui peut
alors être représenté par son conseil (article 893 du Code de procédure).

Lorsque le tribunal se croit suffisamment instruit, il statue défi-
nitivement sur la demande en audience publique, les parties en-
tendues ou dûment appelées, et sur les conclusions du ministère
public. Le tribunal, en rejetant la demande, peut néanmoins nom-
mer au défendeur un conseil judiciaire, sans lequel il ne peut ni
plaider, transiger, recevoir un capital mobilier et en donner décharge, ni aliéner ou hypothéquer ses biens (article 513 du Code
civil).

L'interdiction produit son effet du jour du jugement, nonobstant l'appel. Cependant la nomination du tuteur et du subrogé tuteur est suspendue. Le défendeur à l'interdiction continue à être placé, s'il y a lieu, pour sa personne et ses biens, sous la surveillance de l'administrateur provisoire qui lui a été donné.

Le jugement, quel qu'il soit, peut être attaqué par la voie de l'appel. S'il a prononcé l'interdiction, l'appel est interjeté par le défendeur et dirigé contre le provoquant. Dans le cas contraire, il est interjeté par le provoquant ou par un des membres du conseil de famille qui ont voté pour l'interdiction et dirigé contre le défendeur (article 894 du Code de procédure).

Si le défendeur à l'interdiction n'interjette pas appel du jugement qui l'a condamné, ou si ce jugement est confirmé sur l'appel, alors il est nommé à l'interdit un tuteur et un subrogé tuteur. L'administrateur provisoire, s'il y en a un, cesse ses fonctions et rend compte au tuteur de son administration (article 895 du Code de procédure).

Le jugement qui prononce l'interdiction doit être, à la diligence du demandeur, levé, signifié à partie, et inscrit dans les dix jours sur les tableaux affichés dans la salle de l'auditoire et dans les études du notaire de l'arrondissement (article 897 du Code de procédure). Car c'est dans ces études que l'on va ordinairement pour contracter, et qu'il importe le plus de connaître ceux qui en sont incapables.

L'interdiction cesse avec les causes qui l'ont fait prononcer. L'interdit qui veut obtenir mainlevée de son interdiction, doit suivre les mêmes formes que celles qui ont été employées pour la faire prononcer, et l'interdit ne peut reprendre l'exercice de ses droits qu'après le jugement de mainlevée d'interdiction (article 896 du Code de procédure).

DROIT COMMERCIAL.

NOTIONS GÉNÉRALES SUR LES FAILLITES ET BANQUEROUTES.

Que de tristes souvenirs se rattachent à ce mot de *faillite !* Que d'intérêts lacérés se réveillent pour demander vengeance ! Que de plaies non cicatrisées se rouvrent plus saignantes encore ! De tous côtés des pères de famille se voient enlever en un jour le fruit de leurs longs travaux ; des enfants perdent l'espoir de jamais s'aider des ressources que leur ménageaient leurs aïeux ; des commerçants eux-mêmes sont entraînés dans la débâcle ; partout enfin des lamentations et des plaintes.

Et cependant comment arrêter un si grand fléau ? Comment apporter un remède à un pareil mal ? Vouloir s'en garantir à jamais, serait entreprendre une tâche au-dessus des forces humaines ; car il faudrait d'abord rendre les hommes parfaits, et la triste expérience nous démontre chaque jour combien nous sommes enracinés dans le vice ; et puis les faillites sont quelquefois, pour ainsi dire, un mal nécessaire. Dans le commerce, les uns s'élèvent sur la ruine des autres, les uns agrandissent leurs relations quand les autres sont forcés de les abandonner ; en un mot, le commerce est une guerre de concurrence acharnée.

Et puis, les causes des faillites sont si nombreuses et si multipliées, qu'il est impossible de les prévoir toutes, surtout lorsqu'elles sont occasionnées par des cas fortuits que l'homme ne peut empêcher. Ainsi une navigation malheureuse, la guerre, la paix, une récolte abondante même, peuvent exposer le commerçant à des pertes et par

suite le faire tomber en faillite. Les chances du commerce sont in-
calculables, et c'est la fortune seule qui les dirige à son gré ; mais
d'autres causes plus condamnables entraînent aussi bien des gens dans
l'abîme. Le luxe, la dissipation, la négligence, la fraude, amènent
aussi la faillite, et nous verrons plus tard qu'alors elles prennent un
autre nom.

Que devait donc faire le législateur dans cette circonstance ? Entreprendre de détruire et d'empêcher pour jamais les faillites, eût été
un rêve imaginaire et impossible à réaliser ; mais il pouvait tâcher
d'en diminuer le nombre, surtout lorsqu'elles sont amenées par l'inconduite et la mauvaise foi. Pour y parvenir, il fallait d'abord veiller
aux intérêts des créanciers, qui sont toujours les victimes des faillites,
et protéger aussi le failli de bonne foi, afin qu'il puisse un jour satisfaire à son arriéré. Ensuite il devait mettre tous ses soins à atteindre
le failli de mauvaise foi et à le traiter avec sévérité ; mais il ne devait
pas non plus laisser impuni celui dont l'inconduite et les fautes avaient
occasionné le naufrage. C'est donc dans ce but qu'il a établi une
marche indulgente pour les uns, inexorable pour les autres, mais
juste pour tous. Nous allons en donner une idée générale.

———

Il y a deux siècles environ, le commerce n'était encore qu'à son
berceau. Cette branche si importante pour la prospérité des États,
tant par les richesses qu'elle répand à grands flots, qu'à cause des
relations qu'elle rend si fréquentes et si familières ; le commerce, en
un mot, n'était alors exploité que par quelques individus, qui bor-
naient leurs opérations à des bénéfices modiques, et qui n'avaient
pas encore l'âme dévorée par l'avidité et les vices. L'ordonnance de
1673 suffisait alors pour les diriger dans leur conduite. Les règles, quelquefois trop relâchées, quelquefois trop sévères, qu'elle établissait
pour les commerçants, étaient à peine observées, et cependant les
affaires n'allaient pas plus mal.

Peu à peu le commerce s'agrandit, les opérations se multiplièrent; la cupidité, le luxe, la mauvaise foi s'emparèrent des commerçants; et le nombre des faillites et des banqueroutes devint effrayant. Le commerce alors avait perdu toute sa confiance, tout son crédit; chacun tremblait de livrer son argent à des spéculateurs qui, par leurs opérations hasardeuses et leurs fraudes dissimulées, l'avaient bientôt englouti : chacun alors se défiait pour ainsi dire de soi-même, et le commerce était mort.

Il fallait donc mettre un terme à ces crimes éhontés qui se commettaient chaque jour, et laissant de côté l'ordonnance qui devenait impuissante, on sentit la nécessité d'établir un système de loi plus étendu et plus circonstancié. Les règles quelquefois sévères du Code de commerce ont été l'objet de réclamations et de plaintes; mais la position critique les exigeait, et l'expérience a démontré depuis combien elles avaient rendu de services pour la prospérité et l'agrandissement des relations commerciales.

L'article 437 de ce Code commence par établir quand on est regardé comme failli : « Tout commerçant, dit-il, qui cesse ses payements, est en état de faillite. »

De là on peut admettre deux distinctions :

1.º Que le commerçant seul peut tomber en faillite. Par conséquent, un particulier non commerçant qui devient insolvable, n'est pas en faillite, mais en déconfiture. Il résulte de là qu'il n'est pas soumis à la juridiction commerciale, et qu'il reste régi par le Droit commun quant à sa personne et ses biens, et par la loi civile.

2.º Que cette disposition ne concerne que le commerçant qui cesse ses payements, et non celui qui les suspend. Il existe, en effet, une grande différence, et les discussions qui ont eu lieu à ce sujet, ont fait ressortir davantage la nécessité de la distinction. Peut-on penser qu'il entre dans l'intention de la loi de soumettre aux mêmes formalités que le failli, celui qui, gêné par un événement imprévu, peut cependant être très-solvable? Son actif peut surpasser de beaucoup son passif, et s'il indemnise ses créanciers du retard qu'il a apporté, ces derniers ne doivent pas se plaindre. Serait-il juste de le soumettre aux effets de la faillite? de le dessaisir de plein droit de l'administration de ses biens (article 442 du Code de commerce)? d'apposer les scellés (article 449) sur ses livres, comptoirs et magasins (article 451)? de remettre ses intérêts entre les mains d'agents de la prétendue faillite (article 454)? ensuite de syndics provisoires (article 476) et sa personne sous la main de la justice? enfin, de le forcer à suivre ainsi une procédure qui se fait toujours sous la surveillance du ministère public et sous la prévention de banqueroute? et de laisser ce malheureux sous le coup d'une accusation jusqu'à ce qu'il ait demandé la réhabilitation (article 604 du Code de commerce)?

Ce système serait d'une injustice criante et d'un arbitraire révoltant. Ce serait vouloir empêcher le commerce, ruiner les commerçants et mal comprendre les intérêts de tous; car, remis bientôt dans ses affaires par des payements qui lui sont dus, il satisfera à toutes les demandes, et aucune tache ne doit dans cette occasion mettre entrave au crédit ou à la confiance du commerçant, ni salir son nom.

Pour compléter la discussion de l'article 437, il nous reste à déterminer *de quels payements* la loi veut parler. Un commerçant peut avoir des dettes qui n'ont nullement rapport à son commerce. La cessation de payement de ces dettes civiles peut-elle entraîner la faillite? Non sans doute (arrêt de la cour de Metz, du 17 août 1818). Les créanciers pour dettes civiles ont les voies ordinaires pour se faire payer, et ils n'ont dû compter que sur celles-là pour obtenir leur payement. La juridiction exceptionnelle du tribunal de commerce n'a été établie que dans l'intérêt du commerce : ils ne peuvent donc en profiter, puisqu'ils ne sont pas commerçants, et l'expérience prouve aussi que les commerçants ne retirent pas toujours leur confiance à celui qui, acquittant ses dettes commerciales, est moins exact à payer les autres. (M. PARDESSUS, n.° 1101.)

Toutefois l'état du commerçant est indivisible, et une fois en faillite, il l'est, et avec tous les effets attachés à cet état, aussi bien à l'égard de ses créanciers pour dettes civiles, que pour dettes commerciales; et ces premiers peuvent aussi provoquer la déclaration de faillite, mais seulement, comme nous venons de le dire, en se fondant sur la cessation de payement des engagements commerciaux. (M. PARDESSUS, n.° 1093.)

L'esprit de la loi en matière de faillite, comme nous l'avons déjà observé, s'attache constamment à discerner la bonne foi de l'imprudence et du crime. Tel est son but le plus désiré, et toutes ses dispositions tendent à ménager autant que possible les intérêts des créanciers et ceux du failli, surtout lorsque le malheur seul a occasionné sa ruine; mais aussi elle ordonne une sanction pénale pour ceux qui, par leur inconduite ou leurs fraudes, ont dépouillé leurs créanciers des biens qui leur appartenaient. L'ordonnance de 1673 ne reconnaissait dans l'état d'un commerçant que la faillite ou la banqueroute, le malheur ou la fraude. La banqueroute était bien punie de la peine de mort (article 12 de l'ordonnance); mais rarement elle était appliquée, tant à cause des frais qu'occasionnaient les poursuites, qu'à cause des preuves convaincantes et matérielles que l'on exigeait de la fraude.

Dans l'état actuel de notre législation, conserver un pareil ordre de choses, eût été encourager les banqueroutes, et le luxe, la dissipation, causes de tant de ruines, seraient demeurés impunis. La loi a changé ce système, et a gradué les peines suivant la conduite du failli : elle a voulu secourir le malheur, corriger l'inconduite et punir le crime; et elle a distingué à cet effet trois sortes de faillites.

D'abord la faillite que nous appellerons ordinaire, et qui a lieu lorsqu'un commerçant cesse ses payements (art. 437 du C. de comm.). Elle n'est soumise à aucune peine; car le malheur est supposé en être seul la cause.

Des mesures provisoires et conservatoires sont seulement prises contre lui, et toutes les voies lui sont ouvertes pour prouver son malheur et sa bonne foi. Ses livres, ses papiers, ses opérations, toute sa conduite, en un mot, est scrupuleusement examinée, et de cet examen sévère doit résulter son innocence ou sa culpabilité. Il est vrai qu'il peut être privé de la liberté de sa personne (article 454), et que l'œil vigilant du ministère public plane sur toutes les opérations de la faillite; mais sa position est encore douteuse, et l'intérêt de ses créanciers exige ces précautions. Toutefois, si après les deux premières périodes de la faillite, c'est-à-dire après les opérations des agents et celles des syndics provisoires, rien n'est à lui reprocher dans sa gestion, son innocence ressortira plus brillante, et tout soupçon sera écarté; et alors, après ces deux épreuves, il sera dans l'intérêt même des créanciers de lui accorder un concordat (art. 519); avantage que la loi refuse aux banqueroutiers, et le failli sera alors remis à la tête de ses affaires; il pourra continuer ses opérations, rétablir son crédit, son commerce, sa réputation, et par la suite se libérer intégralement envers ses créanciers.

Vient ensuite la faillite accompagnée de circonstances aggravantes et que l'on nomme banqueroute (*banca rupta*). Elle est reconnue pendant les opérations de la faillite, et elle est punie suivant le tort que le failli a fait à ses créanciers, qu'il prive d'un argent qui leur appartenait, en le soustrayant de la masse de la faillite. La loi en distingue de deux sortes.

1.° La banqueroute simple : La loi détermine elle-même les cas où le commerçant failli *doit* être poursuivi comme banqueroutier simple : si ses dépenses de maison sont jugées excessives, s'il a consommé de fortes sommes au jeu ou à des opérations de pur hasard; s'il a fait des emprunts considérables, etc. (voir l'article 586 du Code de commerce).

Il faut remarquer que la disposition de cet article est impérative : chaque fois qu'un des cas qu'il énumère se présente dans le cours de l'examen des affaires ou de la conduite du failli, le ministère public doit mettre le failli en état d'accusation.

Il y a aussi d'autres cas où la loi dit que le failli *peut* être poursuivi comme banqueroutier simple : si, en cessant ses payements, il n'a pas fait la déclaration ordinaire (article 440); si, s'étant absenté, il ne s'est pas présenté dans les délais fixés et sans empêchement légitime; si ses livres sont irrégulièrement tenus (article 587 du Code de commerce). Ces fautes sont seulement regardées comme des irrégularités dans sa conduite, et il est libre aux syndics ou au procureur du roi de diriger contre lui des poursuites, s'ils le croient coupable.

Cette banqueroute, qui est regardée comme venant de sa témérité ou de l'inconduite, est punie de peines correctionnelles, c'est-à-dire de l'emprisonnement d'un mois au moins et de deux ans au plus (article 402 du Code pénal).

2.° La banqueroute frauduleuse. C'est une faillite dans laquelle il y a fraude de la part du failli. Les cas dans lesquels il *doit* être poursuivi comme banqueroutier frauduleux, sont : s'il a supposé des dépenses ou des pertes, s'il a détourné aucune somme d'argent, marchandises, denrées ou effets mobiliers; s'il a fait des ventes, négociations ou donations supposées; s'il a caché ses livres (voir l'article 593 du Code de commerce).

Cet article est également impératif; les cas où il est seulement facultatif de le poursuivre, sont : s'il n'a pas tenu de livres, ou si les irrégularités dans ces livres indiquent la fraude, et si, ayant obtenu un sauf-conduit, il ne s'est pas présenté en justice (article 594).

Cette banqueroute est regardée comme un crime, et elle doit par conséquent être jugée par les Cours d'assises : elle entraîne la peine des travaux forcés à temps (article 402 du Code pénal).

Remarque. Il faut faire observer que, par l'énumération de ces cas de banqueroute, la loi a seulement voulu éviter l'arbitraire, et ne pas donner au tribunal de commerce un pouvoir discrétionnaire. Il est donc juge de l'appréciation des faits qui lui sont prescrits, ainsi que les jurés pour la banqueroute frauduleuse, et, suivant la

gravité des fautes et du tort causé, ils peuvent absoudre, ou con-
damner, mais avec des circonstances atténuantes.

Nota. Nous regrettons beaucoup de laisser ainsi tronqué un sujet qui mérite tant de développements; mais la matière de cette
thèse nous fixe un cercle dont on ne peut sortir, et nous terminerons par quelques dernières observations.

Le livre des faillites a été et est encore l'objet de vives critiques.
L'importance de ses décisions, la multitude des personnes dont il
dirige les intérêts, la prospérité des États, qui est en grande partie
due au commerce, toutes ces raisons ont constamment attiré les
regards et l'attention des législateurs. C'est du choc des opinions,
que naissent les lumières, et depuis longtemps bien des projets
nouveaux ont été proposés. Le reproche que l'on adresse principa-
lement au système actuel, est la lenteur des formalités, lorsqu'une
décision prompte et rapide est si nécessaire au commerce. Et cependant fallait-il sacrifier des intérêts qui sont déjà bien assez morce-
lés par les faillites, en prononçant des déchéances trop hâtives?
Non, sans doute, et le tort le plus grand est que les dispositions
du Code ne sont pas assez rigoureusement exécutées.

Un nouveau projet de loi a déjà été adopté, il y a deux ans, à
la chambre des députés. Cette année il a été présenté à la chambre
des pairs; mais le temps a manqué pour le représenter à la chambre des députés. Espérons qu'à la prochaine session le concours des
deux chambres et la sanction royale lui donneront force de loi, et,
peut-être introduira-t-il un bienfait dans cette partie de notre législation.

FIN.